# Portuguese Dialogues for Beginners

## *Book 4*

Over 100 Daily Used Phrases and Short Stories to Learn Portuguese in Your Car. Have Fun and Grow Your Vocabulary with Crazy Effective Language Learning Lessons

www.LearnLikeNatives.com

*www.LearnLikeNatives.com*

# © Copyright 2020
# By Learn Like A Native

# ALL RIGHTS RESERVED

No part of this book may be reproduced, stored in a retrieval system, or transmitted in any form or by any means, without the prior written permission of the publisher.

*www.LearnLikeNatives.com*

# *TABLE OF CONTENT*

| | |
|---|---|
| INTRODUCTION | 5 |
| CHAPTER 1 The Driver's License / question words | 17 |
| *Translation of the Story* | 35 |
| The Driver's License | 35 |
| CHAPTER 2 At the Travel Agency / likes and dislikes | 46 |
| *Translation of the Story* | 46 |
| At the Travel Agency | 65 |
| CHAPTER 3 Valentine's Day in Paris / prepositions | 77 |
| *Translation of the Story* | 96 |
| Valentine's Day in Paris | 96 |
| CONCLUSION | 107 |
| About the Author | 113 |

*www.LearnLikeNatives.com*

# INTRODUCTION

Before we dive into some Brazilian Portuguese, I want to congratulate you, whether you're just beginning, continuing, or resuming your language learning journey. Here at Learn Like a Native, we understand the determination it takes to pick up a new language and after reading this book, you'll be another step closer to achieving your language goals.

As a thank you for learning with us, we are giving you free access to our 'Speak Like a Native' eBook. It's packed full of practical advice and insider tips on how to make language learning quick, easy, and most importantly, enjoyable. Head over to [LearnLikeNatives.com](LearnLikeNatives.com) to access your free guide and peruse our huge selection of language learning resources.

Learning a new language is a bit like cooking—you need several different ingredients and the right technique, but the end result is sure to be delicious. We created this book of short stories for learning Brazilian Portuguese because language is alive. Language is about the senses—hearing, tasting the words on your tongue, and touching another culture up close. Learning a language in a classroom is a fine place to start, but it's not a complete introduction to a language.

In this book, you'll find a language come to life. These short stories are miniature immersions into the Brazilian Portuguese language, at a level that is perfect for beginners. This book is not a lecture on grammar. It's not an endless vocabulary list. This book is the closest you can come to a language immersion without leaving the country. In the stories within, you will see people speaking to each other, going through daily life situations, and using the most common, helpful words and phrases in language. You are holding the key to bringing your Brazilian Portuguese studies to life.

**Made for Beginners**

We made this book with beginners in mind. You'll find that the language is simple, but not boring. Most of the book is in the present tense, so you will be able to focus on dialogues, root verbs, and understand and find patterns in subject-verb agreement.

This is not "just" a translated book. While reading novels and short stories translated into Brazilian Portuguese is a wonderful thing, beginners (and even novices) often run into difficulty. Literary licenses and complex sentence structure can make reading in your second language truly difficult—

not to mention BORING. That's why Brazilian Portuguese Short Stories for Beginners is the perfect book to pick up. The stories are simple, but not infantile. They were not written for children, but the language is simple so that beginners can pick it up.

## The Benefits of Learning a Second Language

If you have picked up this book, it's likely that you are already aware of the many benefits of learning a second language. Besides just being fun, knowing more than one language opens up a whole new world to you. You will be able to communicate with a much larger chunk of the world. Opportunities in the workforce will open up, and maybe even your day-to-day work will be improved. Improved communication can also help you expand your business. And from a neurological perspective, learning a second language is like taking your daily vitamins and eating well, for your brain!

## How To Use The Book

The chapters of this book all follow the same structure:

- A short story with several dialogs
- A summary in Brazilian Portuguese
- A list of important words and phrases and their English translation
- Questions to test your understanding
- Answers to check if you were right
- The English translation of the story to clear every doubt

*www.LearnLikeNatives.com*

You may use this book however is comfortable for you, but we have a few recommendations for getting the most out of the experience. Try these tips and if they work for you, you can use them on every chapter throughout the book.

1) Start by reading the story all the way through. Don't stop or get hung up on any particular words or phrases. See how much of the plot you can understand in this way. We think you'll get a lot more of it than you may expect, but it is completely normal not to understand everything in the story. You are learning a new language, and that takes time.

2) Read the summary in Brazilian Portuguese. See if it matches what you have understood of the plot.

3) Read the story through again, slower this time. See if you can pick up the meaning of any words or phrases you don't understand by using context clues and the information from the summary.

4) Test yourself! Try to answer the five comprehension questions that come at the end of each story.  Write your answers down, and then check them against the answer key.  How did you do? If you didn't get them all, no worries!

5) Look over the vocabulary list that accompanies the chapter. Are any of these the words you did not understand? Did you already know the meaning of some of them from your reading?

6) Now go through the story once more. Pay attention this time to the words and phrases you haven't understand. If you'd like, take the time to look them up to

expand your meaning of the story. Every time you read over the story, you'll understand more and more.

7) Move on to the next chapter when you are ready.

**Read and Listen**

The audio version is the best way to experience this book, as you will hear a native Brazilian Portuguese speaker tell you each story. You will become accustomed to their accent as you listen along, a huge plus for when you want to apply your new language skills in the real world.

If this has ignited your language learning passion and you are keen to find out what other resources are available, go to [LearnLikeNatives.com](LearnLikeNatives.com),

*www.LearnLikeNatives.com*

where you can access our vast range of free learning materials. Don't know where to begin? An excellent place to start is our 'Speak Like a Native' free eBook, full of practical advice and insider tips on how to make language learning quick, easy, and most importantly, enjoyable.


And remember, small steps add up to great advancements! No moment is better to begin learning than the present.

*www.LearnLikeNatives.com*

# FREE BOOK!

Get the *FREE BOOK* that reveals the secrets path to learn any language fast, and without leaving your country.

### Discover:

- The **language 5 golden rules** to master languages at will

- Proven **mind training techniques** to revolutionize your learning

- A complete step-by-step guide to **conquering any language**

*www.LearnLikeNatives.com*

*www.LearnLikeNatives.com*

# CHAPTER 1
# The Driver's License / question words

HISTÓRIA

Wayne vive em uma cidade. Wayne tem quarenta anos. Ele geralmente vai de carro para o trabalho. Wayne está atrasado para o trabalho hoje. Wayne dirige mais e mais rápido. Ele ultrapassa o limite de velocidade. Ele precisa chegar ao trabalho a tempo. Hoje ele tem uma reunião importante.

Wayne ouve um som. Ele olha para trás. Há um carro de polícia atrás dele. "Ah, não", ele pensa. "Eu estou indo muito rápido". Ele para o carro. O carro da polícia também para. Um policial sai do carro. Ele caminha até o carro de Wayne.

— Olá — diz o policial.

— Olá, senhor — diz Wayne.

— **Por que** você acha que eu o parei? — pergunta o policial.

— Não sei. **Qual** lei estou infringindo? — pergunta Wayne.

— Você está indo rápido demais — diz o policial.

— **Quantos** quilômetros por hora estou acima do limite de velocidade? — pergunta Wayne.

— Chega — diz o policial. — **Onde** você está indo com tanta pressa?

— Para o trabalho — diz Wayne.

— Me mostre sua carteira de motorista — diz o policial. Wayne pega sua carteira. Ele a abre. Ele tira dela a carteira de motorista. Ele a dá para o policial.

— Ela está vencida — diz o policial. — Você está em apuros. — O policial diz a Wayne que ele não pode dirigir com a carteira vencida. Wayne precisa tirar uma nova carteira. Wayne concorda. O policial diz que ele não pode dirigir para o trabalho hoje. Wayne precisa viver sem um carro.

Wayne tem que parar de dirigir. Agora ele vai para o trabalho de outras formas. Ele pode escolher entre o trem ou o ônibus. Às vezes, ele vai de bicicleta. Se está atrasado, ele pega um táxi. Hoje ele está atrasado novamente.

Wayne chega no escritório.

— Oi, Wayne — diz seu colega, Xavier. — **Como** você chegou aqui? Sua carteira está vencida, certo?

— Sim, está — diz Wayne. — Hoje estou de táxi. **A que distância** fica sua casa? — Xavier costuma ir a pé para o trabalho.

— Minha casa fica a um quilômetro de distância — diz Xavier. — **Quanto tempo** um táxi leva para chegar aqui?

— Uns 20 minutos — diz Wayne.

— Nada mal — diz Xavier. — E **quanto custa** o táxi?

— Cerca de 20 dólares — diz Wayne.

— Ah, é um pouco caro — diz Xavier. — Qual é a empresa de táxi?

— Birmingham Taxi — diz Wayne. — Por que está tão interessado?

— A minha família tem uma empresa de táxis — diz Xavier. — É o meu irmão que administra.

— Legal — diz Wayne. — Podem me dar uma carona grátis? — Ambos riem. Wayne está brincando. Mas ele precisa resolver seu problema. Ele não pode pagar um táxi todos os dias. Ele decide que vai tirar a carteira amanhã.

No dia seguinte, Wayne pega o ônibus para o Detran, o Departamento de Trânsito. Este é o prédio onde as pessoas tiram a carteira de motorista. Ele sai de seu carro. Há uma fila do lado de fora. Muitas pessoas têm que tirar a carteira. O escritório é lento. Ele entra na fila. Depois de uma hora, ele entra no prédio. Há outra fila. Ele espera.

— **Quem** é o próximo? — pergunta a mulher.

— Eu — diz Wayne.

— Bem, vamos lá! — ela diz. Ela é impaciente. — **O que** você precisa?

— Preciso renovar minha carteira — diz Wayne.

— Me dê o seu cartão antigo — diz ela.

— Eu não estou com ele — diz Wayne. Ela olha para ele. Ela parece brava.

— **Por que** não? — ela pergunta.

— Não consigo encontrá-lo — diz Wayne.

— **Com quem** estou falando? — ela pergunta.

— O que você quer dizer? — pergunta Wayne. Ele está confuso.

— OK, espertinho, me diga seu nome e sobrenome — ela diz. Wayne diz seu nome.

— **Quantos anos** você tem? — ela pergunta.

— **Para quê**? — pergunta Wayne.

— Eu tenho que confirmar sua data de nascimento — ela diz. — **Quando** você nasceu?

Wayne diz a ela. Ela olha para seu computador. Ela leva muito tempo. Ela balança a cabeça.

— Eu não consigo encontrar — diz ela. — Há um problema com o sistema hoje. Volte amanhã.

— Eu não posso — diz Wayne.

— Se quiser sua carteira hoje, você terá que fazer o exame de direção outra vez — diz ela.

— **Como assim**? — pergunta Wayne.

— O computador diz que você não tem carteira — ela diz. Wayne precisa de sua carteira de motorista hoje. Ele vai para a outra fila. Ele vai fazer o teste de direção. Fácil, ele pensa. Ele sabe dirigir. Todas as outras pessoas são adolescentes. Ele é o mais velho da fila.

— **De quem** é a vez? — pergunta um homem grande com um terno marrom.

— Minha — diz Wayne. Ele segue o homem grande até seu carro. Eles entram no carro. Wayne tenta se lembrar de tudo que se faz em um teste de direção. Ele verifica os espelhos. Ele coloca o cinto de segurança. Ele vê o examinador escrevendo em um bloco de notas.

— Ok, vamos — diz o examinador.

Wayne cuidadosamente sai de ré da vaga do estacionamento. Ele dirige devagar. Ele usa o pisca-alerta. Ele pega a rua e dirige abaixo do limite de velocidade. O examinador lhe diz aonde ir. Wayne certifica-se de parar nos semáforos amarelos e usar seu pisca-alerta. Wayne faz um bom trabalho.

Wayne acha que passa. O examinador diz para ele voltar ao Detran. No entanto, o examinador diz a ele para parar.

— Agora você deve estacionar em paralelo — diz o examinador. Wayne nunca estaciona em paralelo. Ele está nervoso. O examinador indica uma vaga muito pequena. Wayne manobra o carro na vaga. Ele está quase terminando de estacionar. Mas então ele ouve um som de "ding". Seu carro bate no carro detrás.

— Ah, não — diz Wayne.

— Isso é uma reprovação automática — diz o examinador. — Desculpe, você foi reprovado no teste de direção.

Wayne sai do carro para deixar o examinador dirigir de volta para o escritório.

— **Há quantos** anos você dirige? — pergunta o examinador.

— Vinte e quatro — diz Wayne. Ele está envergonhado. Ele tem que voltar amanhã.

RESUMO

Wayne tem uma carteira de motorista. Ela está vencida. Wayne precisa tomar táxis, ônibus e outros meios de transporte. Ele decide renovar sua carteira. Ele vai para o Detran para fazer isso. Ele espera em uma longa fila e tem que responder a muitas perguntas. Há um problema com o sistema de computador. Wayne tem que fazer o exame de direção novamente. Ele faz um bom trabalho com o examinador no carro. No entanto, Wayne é reprovado no teste porque não praticou estacionamento paralelo.

## LISTA DE VOCABULÁRIO

| Why | Por que |
| --- | --- |
| Which | Qual |
| How many | Quantos |
| Where | Onde |
| How | Como |
| How far | A que distância |
| How long | Quanto tempo |
| How much | Quanto |
| Who | Quem |
| What | O que |
| Why don't | Por que não |

| | |
|---|---|
| With whom | Com quem |
| How old | Quantos anos |
| What for | Para quê |
| When | Quando |
| How come | Como assim |
| Whose | De quem |
| How many | Quantos |

## PERGUNTAS

1) Por que Wayne é parado pelo policial?

    a) ele passa um sinal vermelho

    b) seu carro está estragado

    c) ele está indo rápido demais

    d) ele é um criminoso


2) Wayne entra em apuros com o policial porque…

    a) sua carteira de motorista está vencida

    b) seu carro não está registrado

    c) ele cospe no policial

    d) ele não responde ao policial


3) Qual destes custa $20 para Wayne chegar ao trabalho?

    a) bicicleta

    b) ônibus

c) trem

d) táxi

4) Wayne não aparece no sistema de computador no Detran. Por quê?

    a) ele nunca teve carteira

    b) ele tem um dia ruim

    c) há um problema com o sistema

    d) sua data de nascimento está errada

5) Por que Wayne é reprovado no teste?

    a) ele dirige a pouco tempo

    b) ele estaciona mal porque não praticou esta forma de estacionar

    c) ele estaciona mal porque o carro é muito grande

    d) ele está bêbado

*www.LearnLikeNatives.com*

## RESPOSTAS

1) Por que Wayne é parado pelo policial?

    c) ele está indo rápido demais

2) Wayne entra em apuros com o policial porque...

    a) sua carteira de motorista está vencida

3) Qual destes custa $20 para Wayne chegar ao trabalho?

    d) táxi

4) Wayne não aparece no sistema do computador no Detran. Por quê?

    c) há um problema com o sistema

5) Por que Wayne é reprovado no teste?

b) ele estaciona mal porque não praticou esta forma de estacionar

*www.LearnLikeNatives.com*

# *Translation of the Story*

## The Driver's License

STORY

Wayne lives in a city. Wayne is forty years old. He usually drives his car to work. Wayne is late to work today. Wayne drives faster and faster. He drives over the speed limit. He needs to get to work on time. Today he has an important meeting.

Wayne hears a sound. He looks behind him. There is a police car behind him. Oh, no, he thinks. I am going rather fast. He stops the car. The police car stops, too. A policeman gets out. He walks over to Wayne's car.

"Hello," says the police officer.

"Hello, sir," says Wayne.

"**Why** do you think I pulled you over?" asks the policeman.

"I don't know. **Which** law am I breaking?" asks Wayne.

"You are going way too fast," says the policeman.

"**How many** kilometers per hour am I over the speed limit?" asks Wayne.

"Enough," says the policeman. "**Where** are you going in such a hurry?"

"To work," says Wayne.

"Show me your driver's license," says the officer. Wayne takes out his wallet. He opens it. He pulls out his driver's license. He gives it to the police officer.

"This is expired," says the officer. "You're in big trouble." The officer tells Wayne he can't drive with an expired license. Wayne must get a new license. Wayne agrees. The officer tells him he can't drive to work today. Wayne must live without a car.

Wayne has to stop driving his car. Now he goes to work other ways. He can choose between the train or the bus. Sometimes, he rides his bike. If he is late, he takes a taxi. Today, he is late again.

Wayne arrives to the office.

"Hi, Wayne," says his colleague, Xavier. "**How** did you get here? Your license is expired, right?"

"Yes, it is," says Wayne. "Today I am in taxi. **How far** is your house from here?" Xavier usually walks to work.

"My house is a kilometer away," says Xavier. "**How long** does a taxi take to get here?"

"Oh, about twenty minutes," says Wayne.

"Not bad," says Xavier. "And **how much** does the taxi cost?"

"About twenty dollars," says Wayne.

"Oh, that is a bit expensive," says Xavier. "Which taxi company is it?

"Birmingham Taxi," says Wayne. "Why are you so interested?"

"My family owns a taxi company," says Xavier. "My brother runs it."

"Nice," says Wayne. "Can I get a free ride?" They both laugh. Wayne is kidding. But he needs to solve his problem. He can't pay for a taxi every day. He decides tomorrow he is going to get his license.

The next day, Wayne takes the bus to the DMV, the Department of Motor Vehicles. This is the building where people get their driver's license. He gets out of his car. There is a line outside. Many people have to get their license. The office is slow. He gets in the line. After an hour, he is inside the building. There is another line. He waits.

"**Who** is next?" asks the woman.

"Me," says Wayne.

"Well, come on!" she says. She is impatient. "**What** do you need?"

"I need to renew my license," says Wayne.

"Give me your old card," she says.

"I don't have it," says Wayne. She stares at him. She seems angry.

"**Why don't** you have it?" she asks.

"I can't find it," says Wayne.

"**With whom** am I speaking?" she asks.

"What do you mean?" asks Wayne. He is confused.

"Ok, smart guy, tell me your first and last name," she says. Wayne tells her.

"**How old** are you?" she asks.

"**What for**?" asks Wayne.

"I have to confirm your birth date," she says. "**When** were you born?"

Wayne tells her. She looks at her computer. She takes a long time. She shakes her head.

"I can't find you," she says. "There is a problem with the system today. Come back tomorrow."

"I can't," says Wayne.

"If you want your license today, you will have to take the driving test over," she says.

"**How come**?" asks Wayne.

"The computer says you have no license," she says. Wayne needs his license today. He goes to the other line. He will take his driver's test. Easy, he thinks. He knows how to drive. All the other people are teenagers. He is the oldest in this line.

"**Whose** turn is it?" asks a big man with a brown suit.

"Mine," says Wayne. He follows the big man to his car. They get in the car. Wayne tries to remember everything you do in a driver's test. He checks the mirrors. He puts on his seatbelt. He sees the examiner writing on a notepad.

"Okay, let's go," says the examiner.

Wayne carefully backs out of the parking space. He drives slowly. He uses his turn signal. He gets on the road and drives under the speed limit. The examiner directs him through the town. Wayne makes sure to stop at yellow lights and to use his blinker. Wayne does a good job.

Wayne thinks he passes. The examiner directs him back to the DMV. However, the examiner tells him to stop.

"Now you must parallel park," says the examiner. Wayne never parallel parks. He is nervous. The examiner directs him to a tiny parking space. Wayne turns the car into the space. He is almost finished parking. But then he hears a 'ding' sound. His car hits the car behind him.

"Oh, no," says Wayne.

"That is an automatic fail," says the examiner. "Sorry, you fail your driver's test."

Wayne gets out of the car to let the examiner drive the car back to the office.

**"How many** years have you been driving?" asks the examiner.

"Twenty-four," says Wayne. He is ashamed. He has to come back tomorrow.

# CHAPTER 2
# At the Travel Agency / likes and dislikes

HISTÓRIA

Yolanda e Zelda são irmãs. Eles têm vidas muito ocupadas. Ambas vivem em Nova York. Yolanda é uma cabeleireira de celebridades. Zelda é advogada e tem dois filhos. Eles são tão ocupadas que às vezes não se veem durante meses.

Um dia, Yolanda tem uma ideia. Ela liga para Zelda.

— Zelda, querida! Como você está? — ela pergunta.

— Estou bem, mana — diz Zelda. — Como você está?

— Ótimo! Tive uma ideia maravilhosa — diz Yolanda. — Nós **deveríamos** fazer uma viagem juntas!

— Que grande ideia — diz Zelda. — **Eu amo** essa ideia! Para onde?

— Eu não sei, qualquer lugar — diz Yolanda. — Onde quer que seja! **Eu adoraria** ir a qualquer lugar com você!

— Vamos à agência de viagens amanhã — diz Zelda. — Eles podem nos ajudar.

As irmãs se encontram no dia seguinte. Zelda traz páginas de pesquisas sobre férias. As páginas falam sobre diferentes tipos de turismo. Há turismo recreativo, para relaxar e se divertir na praia. Há turismo cultural, como passeios guiados ou visitas a museus para aprender sobre história e arte. Turismo de aventura é para pessoas que **adoram** explorar lugares distantes e atividades radicais. Ecoturismo é viajar para ambientes naturais.

Yolanda lê os jornais. Turismo de saúde é viajar para cuidar do seu corpo e da sua mente, visitando lugares como spas. Turismo religioso é viajar para celebrar eventos religiosos ou visitar lugares religiosos importantes.

— Há tantos tipos de viagem — diz Yolanda.

— Sim — diz Zelda. — **Eu gosto** de viajar com um objetivo. **Eu não aguento** ficar deitada na praia sem fazer nada. — Yolanda gosta de praia. Ela gosta de não fazer nada nas férias. Ela não diz nada.

As irmãs chegam à agência de viagens. A agente de viagens é uma mulher. Ela parece simpática. Yolanda e Zelda sentam com ela.

— Como posso ajudá-las? — pergunta a agente.

— Gostaríamos de fazer uma viagem — diz Yolanda.

— Que tipo de viagem? — pergunta a agente.

— **Eu sou louca por** cultura — diz Zelda. — Eu amo museus. Eu amo arte.

— **Eu prefiro** ir a algum lugar com sol. Adoro atividades ao ar livre — diz Yolanda.

— As pessoas viajam por muitas razões — diz a agente. — Que tal Barcelona?

— Ah, eu não sei — diz Zelda. — **Eu não suporto** não saber a língua local.

— Nós não falamos espanhol — diz Yolanda.

— Você gostaria de ir a Paris? — pergunta a agente. — Há museus e restaurantes muito bons.

— Nós também não falamos francês! — ambas dizem.

— Que tal Londres? — pergunta a agente.

— Ótimo! — diz Zelda.

— Tão chuvoso! — diz Yolanda ao mesmo tempo. As irmãs se olham.

— Você disse que não se importa Yoli! — diz Zelda.

— Eu quero viajar com você — diz Yolanda. — Mas **eu não sou louca por** Londres. **Eu detesto** chuva!

— Vamos, Yolanda — diz Zelda. — Por favor!

A agente mostra fotos de Londres para as mulheres. Elas veem os prédios famosos. Yolanda gostaria de ver o Big Ben. Zelda está animada com o museu de arte Tate Modern.

— Que tipo de hotel você gostaria? — pergunta a agente.

— Poderíamos ficar em um apartamento do Airbnb — diz Yolanda.

— Não, **eu abomino** ficar na casa dos outros — diz Zelda.

— Temos lindos hotéis no centro da cidade — diz a agente.

— Parece ótimo — diz Zelda.

Zelda prefere hotéis luxuosos. Ela sabe que Yolanda **não gosta muito de** hotéis chiques. Mas Zelda nunca sai de férias. Ela quer que estas férias sejam perfeitas. A agente de viagens mostra fotos para as irmãs. Os quartos do hotel são enormes. Alguns têm uma banheira no meio do quarto.

— São lindos — diz Zelda. — Você se importa se ficarmos em um hotel chique, Yolanda?

— **Nem um pouco** — diz Yolanda. Zelda sabe que ela **não gosta de** hotéis chiques. Yolanda fica triste. Zelda faz o que quer.

— **O que você gostaria** de fazer em Londres? — pergunta a agente de viagens.

— Adoraríamos ir a todos os museus, visitar o palácio e visitar algumas galerias de arte — diz Zelda.

— Ok — diz a agente de viagens. — Isso provavelmente é suficiente para preencher seu tempo em Londres.

Yolanda não diz nada. As irmãs pagam e deixam a agência de viagens. Zelda está feliz. Yolanda gostaria que as férias fossem mais do seu estilo. Ela vai para casa. Ela pensa na viagem. Ela sorri. Tem um plano.

No dia seguinte, Yolanda retorna à agência de viagens.

— Olá, Yolanda — diz a agente. — Como posso ajudá-la?

— **Nós queremos** mudar um pouco nossa viagem — diz Yolanda.

— Não há problema — diz a agente de viagens.

— **Preferimos** ir para um lugar ensolarado — diz Yolanda.

— Claro — diz a agente de viagens. A agente de viagens sugere muitos locais diferentes. Yolanda assina alguns novos papéis. Ela dá o dinheiro para a agente fazer a troca. Ela imagina Zelda de férias. Ela sorri. Zelda **gosta de** surpresas.

É o fim de semana. Está na hora da viagem de Yolanda e Zelda. As irmãs se encontram no aeroporto. Elas estão animadas. Yolanda está nervosa.

— Trouxe um café para você — diz ela. Zelda pega o café.

— Obrigada — ela diz. Ela toma um gole. — Ah, mas **eu odeio** açúcar no meu café, Yoli!

Yolanda pede desculpas. Ela segura os dois cafés. Agora ela não consegue carregar sua mala.

As duas irmãs passam pela segurança. Elas esperam para embarcar no avião. A tela diz: Voo 361 para Londres / Com Conexões / British Airways. Yolanda sorri quando elas entram no avião.

O voo dura seis horas. Yolanda e Zelda dormem. Eles acordam quando o avião chega ao aeroporto em Londres. A aeromoça usa o alto-falante. — Se você vai ficar em Londres ou fazer uma conexão, por favor, levante-se e saia do avião.

Zelda se levanta. Yolanda, não.

— Vamos, Yolanda — diz Zelda. Yolanda não se move.

— Vamos! — diz Zelda.

— Na verdade, mana — diz Yolanda, — há uma mudança de planos. Vamos ficar neste avião.

Zelda parece confusa.

A comissária de bordo usa o alto-falante novamente. — Se você estiver viajando para o nosso próximo destino, permaneça em seu assento. Próxima parada: Fiji!

RESUMO

Duas irmãs, Yolanda e Zelda, querem fazer uma viagem juntas. Elas vão à agência de viagens. Elas são muito diferentes. É difícil para elas concordarem sobre um local. Zelda gosta de planejar férias e ver arte e cultura. Yolanda prefere Finalmente, elas decidem para onde eles gostariam de ir. Mas no dia seguinte, Yolanda retorna à agência de viagens. Ela muda o destino. Zelda descobre quando o avião aterriza.

*www.LearnLikeNatives.com*

# LISTA DE VOCABULÁRIO

| | |
|---|---|
| We should | Nós deveríamos |
| I love | Eu amo |
| I would love | Eu adoraria |
| I adore | Eu adoro |
| I enjoy | Eu gosto de |
| I can't stand | Eu não aguento |
| We would like | Nós gostaríamos de |
| I'm crazy about | Eu sou louca por |
| I prefer | Eu prefiro |
| I can't bear | Eu não suporto |
| Would you like | Você gostaria de |

| | |
|---|---|
| I'm not mad about | Eu não sou louca por |
| I detest | Eu detesto |
| I loathe | Eu abomino |
| Doesn't like | Não gosta de |
| Very much | Muito |
| Not at all | Nem um pouco |
| Dislikes | Não gosta de |
| What would you like | O que você gostaria de |
| We want | Nós queremos |
| We would rather | Nós preferimos |
| Likes | Gosta de |
| I hate | Eu odeio |

## PERGUNTAS

1) Como Yolanda e Zelda se conhecem?

    a) elas são amigas

    b) elas são irmãs

    c) elas trabalham juntas

    d) elas são vizinhas


2) O que Zelda gosta de fazer nas férias?

    a) ver arte e cultura

    b) deitar na praia

    c) relaxar

    d) ver o que acontece sem planos


3) Qual das seguintes decisões Yolanda toma na primeira reunião com a agente de viagens?

    a) para onde ir

    b) onde ficar

c) o que fazer

d) nenhuma das anteriores

4) O que Yolanda faz quando vai à agência de viagens pela segunda vez?

a) pede o seu dinheiro de volta

b) cancela a viagem

c) altera o destino

d) liga para Zelda

5) O que acontece quando as irmãs pousam em Londres?

a) elas vão para o seu hotel

b) elas vão a um museu

c) o avião cai

d) Yolanda surpreende Zelda com um novo destino

*www.LearnLikeNatives.com*

## RESPOSTAS

1) Como Yolanda e Zelda se conhecem?

    b) elas são irmãs

2) O que Zelda gosta de fazer nas férias?

    a) ver arte e cultura

3) Qual das seguintes decisões Yolanda toma na primeira reunião com o agente de viagens?

    d) Nenhuma das anteriores

4) O que Yolanda faz quando vai à agência de viagens pela segunda vez?

    c) altera o destino

5) O que acontece quando as irmãs pousam em Londres?

d) Yolanda surpreende Zelda com um novo destino

## *Translation of the Story*

### At the Travel Agency

STORY

Yolanda and Zelda are sisters. They have very busy lives. They both live in New York City. Yolanda is a hairdresser for celebrities. Zelda is a lawyer and has two children. They are so busy, sometimes they don't see each other for months.

Yolanda has an idea one day. She calls Zelda.

"Zelda, dear! How are you?" she asks.

"Fine, sis," says Zelda. "How are you?"

"Great! I've had a marvelous idea," says Yolanda. "**We should** take a trip together!"

"What a great idea," says Zelda. "**I love** it! Where to?"

"I don't know, anywhere," says Yolanda. "Wherever! **I would love** to go anywhere with you!"

"Let's go to the travel agency tomorrow," says Zelda. "They can help."

The sisters meet the next day. Zelda brings pages of research on vacations. The pages talk about different types of tourism. There is recreational tourism, like relaxing and having fun at the beach. There's cultural tourism like sightseeing or visiting museums to learn about history and art.

Adventure tourism is for people who **adore** exploring distant places and extreme activities. Ecotourism is traveling to natural environments.

Yolanda reads the papers. Health tourism is travel to look after your body and mind by visiting places like spa resorts. Religious tourism is travel to celebrate religious events or visit important religious places.

"There are so many types of travel," says Yolanda.

"Yes," says Zelda. "**I enjoy** traveling for a reason. I can't stand lying on the beach, doing nothing." Yolanda likes the beach. She likes doing nothing on vacation. She doesn't say anything.

The sisters arrive to the travel agency. The travel agent is a woman. She seems nice. Yolanda and Zelda sit down with her.

"How can I help you?" asks the agent.

"We would like to take a trip," says Yolanda.

"What kind of trip?" asks the agent.

"**I'm crazy about** culture," says Zelda. "I love museums. I love art."

"**I would rather** go somewhere with sunshine. I love outdoor activities," says Yolanda.

"People travel for lots of reasons," says the agent. "How about Barcelona?"

"Oh, I don't know," says Zelda. "**I can't bear** not knowing the local language."

"We don't speak Brazilian Portuguese," says Yolanda.

"Would you like Paris?" asks the agent. "There are very good museums and restaurants."

"We don't speak French, either!" they both say.

"How about London?" asks the agent.

"Great!" says Zelda.

"So rainy!" says Yolanda at the same time. The sisters look at each other.

"You said you don't care Yoli!" says Zelda.

"I want to travel with you," says Yolanda. "**I'm not mad about** London, though. **I detest** the rain!"

"Come on, Yolanda," says Zelda. "Please!"

The agent shows the women pictures of London. They see the famous buildings. Yolanda would like to see Big Ben. Zelda is excited about the Tate Modern art museum.

"What kind of hotel would you like?" asks the agent.

"We could get an Airbnb apartment," says Yolanda.

"No, **I loathe** staying in other people's homes," says Zelda.

"We have beautiful hotels in the center of the city," says the agent.

"That sounds great," says Zelda.

Zelda prefers luxurious hotels. She knows Yolanda **doesn't like** fancy hotels **very much**. But Zelda never goes on vacation. She wants this vacation to be perfect. The travel agent shows the sisters pictures. The hotel rooms are huge. Some have a bath in the middle of the room.

"Those are gorgeous," says Zelda. "Do you mind if we stay in a fancy hotel, Yolanda?"

"**Not at all**," says Yolanda. Zelda knows she **dislikes** fancy hotels. Yolanda feels sad. Zelda does what she wants.

"**What would you like** to do while in London?" asks the travel agent.

"We would love to go to all the museums, visit the Palace, and visit some art galleries," says Zelda.

"Okay," says the travel agent. "That's probably enough to fill your time in London."

Yolanda doesn't say anything. The sisters pay and leave the travel agent. Zelda is happy. Yolanda wishes the vacation was more her style. She goes home. She thinks about the trip. She smiles. She has a plan.

The next day, Yolanda returns to the travel agent.

"Oh hello, Yolanda," says the agent. "How can I help you?"

"**We want** to change our trip a bit," says Yolanda.

"No problem," says the travel agent.

"**We would rather** go to somewhere sunny," says Yolanda.

"Of course," says the travel agent. The travel agent suggests many different locations. Yolanda signs some new papers. She gives the agent money for the change. She imagines Zelda on vacation. She smiles. Zelda **likes** surprises.

It is the weekend. It is time for Yolanda and Zelda's trip. The sisters meet at the airport. They are excited. Yolanda is nervous.

"I brought you coffee," she says. Zelda takes the coffee.

"Thanks," she says. She takes a sip. "Oh, but **I hate** sugar in my coffee, Yoli!"

Yolanda apologizes. She takes both coffees in her hands. Now she can't carry her suitcase.

The two sisters go through security. They wait to board the plane. The screen says "Flight 361 to London / With Connections / British Airways". Yolanda smiles as they get on the plane.

The flight lasts six hours. Yolanda and Zelda sleep. They awake as the plane pulls into the airport in London. The flight attendant uses the speaker. "If you are staying in London or have a connection, please stand and leave the plane."

Zelda stands up. Yolanda does not.

"Come on, Yolanda," says Zelda. Yolanda doesn't move.

"Let's go!" says Zelda.

"Actually, sis," says Yolanda. "There is a change of plans. We are staying on this plane."

Zelda looks confused.

The flight attendant uses the speaker again. "If you are traveling through to our next destination, remain in your seats. Next stop—Fiji!"

# CHAPTER 3
# Valentine's Day in Paris / prepositions

HISTÓRIA

Charles e Dana são namorados. Eles estão apaixonados. Charles quer fazer algo especial no dia dos namorados. Ele convida Dana para ir a Paris. Paris é chamada de cidade do amor. Muitas pessoas viajam para Paris para passar um tempo romântico com seus companheiros. Talvez sejam os filmes, a comida, os belos prédios? Paris sempre parece romântica.

O casal chega a Paris em 13 de fevereiro. O avião pousa. Eles estão emocionados. Charles e Dana recolhem suas bagagens.

— Vamos para o hotel — diz Charles.

— Como? — pergunta Dana.

— Podemos pegar o trem para o centro da cidade — diz Charles. **Em frente ao** casal está uma placa para o trem do aeroporto. Eles seguem as setas, passando **por baixo** delas. Eles passam **pela** passarela suspensa, até que chegam no acesso ao trem. Eles vão até a máquina de passagens.

— Que passagens compramos? — pergunta Dana. Ambos olham fixamente para a máquina.

— Não sei — diz Charles. — O hotel fica **no** $7^{th}$ arrondissement. — Charles adivinha qual passagem comprar. Ele o compra, e eles vão para a plataforma do trem. **Acima** dos trilhos, há uma placa. Ela diz para onde cada trem está indo. Um trem se aproxima. A placa diz: centre-ville. Eles entram **no** trem.

Quando o trem chega ao destino, eles saem **do** trem. Eles sobem as escadas do metrô. Eles saem na rua. A Torre Eiffel está **acima** deles.

— Que linda — diz Dana.

— Sim, é incrível — diz Charles.

— Eu quero ir **para** o topo — diz Dana.

— Você sabia que eles pintam a torre a cada sete anos? — pergunta Charles. — Com 50 toneladas de tinta!

— Eu não sabia disso — diz Dana. Charles conta mais sobre a Torre Eiffel. Ela foi construída em 1889. Seu nome é uma homenagem a Gustave Eiffel, o arquiteto responsável pelo projeto. Por 41 anos, foi a estrutura mais alta do mundo. Há muitas réplicas da torre **ao redor** do mundo. Existe até mesmo uma réplica em tamanho real em Tóquio.

— Eu amo Paris — diz Dana.

— Vamos para o hotel — diz Charles. Eles caminham até o hotel próximo. Fica logo **atrás** da Torre Eiffel.

O dia seguinte é dia dos namorados. O casal tem um almoço especial planejado. Eles vão para o restaurante Epicure. É um dos restaurantes mais românticos da cidade.

— Você está pronta? — pergunta Charles.

— Sim — diz Dana. — Como chegamos lá? — Eles conversam **fora do** hotel.

— É logo **depois** do Champs-Élysées — diz Charles. Eles andam rua **abaixo**. Eles caminham **em direção** ao rio. É um dia lindo. O sol está brilhando. Dana percebe como os prédios são bonitos. Eles são todos muito antigos.

— Deveríamos ter prédios como estes nos Estados Unidos — diz Dana.

— Eles são mais antigos do que os Estados Unidos — diz Charles. Charles e Dana andam **ao longo** do rio. Eles se dão as mãos. Paris é uma cidade para os amantes.

Epicure fica **perto** do distrito comercial central. Eles passam por lojas como Louis Vuitton e Pierre Hermé. Dana para para olhar as vitrines. O restaurante fica **ao lado de** uma de suas lojas favoritas.

— Por favor, podemos entrar — diz ela. Quando eles passam **pela** porta da Hermès, Charles sabe que está em apuros. Bolsas e lenços estão em toda parte. Dana enlouquece. Ela pega dois lenços **de** uma prateleira. Ela encontra uma bolsa **em meio a** uma pilha de outras.

— Por favor, Charles? — ela pede a ele. — Uma pequena lembrança de Paris? — Charles pensa. Os três itens custam o mesmo que a passagem de avião para Paris. Mas é dia dos namorados. Ele diz que sim. Dana leva os lenços e a bolsa para a caixa registradora. Charles paga com seu cartão de crédito. Eles deixam a loja. Dana está muito contente.

Charles e Dana continuam descendo a rua. Eles não veem o Epicure.

— É bem aqui — diz Charles.

— Onde? — pergunta Dana.

— Aqui — diz Charles. — É o que diz o Google Maps.

— Não estou vendo — diz Dana.

Charles liga para o restaurante em seu celular. — Olá, não conseguimos encontrar o restaurante — diz ele. Ele escuta. A pessoa fala francês. — Você fala inglês? Não? — A pessoa desliga.

— Eles não falam inglês — diz Charles.

— Tem que ser aqui — diz Dana. Ela avista um pequeno beco. Ela entra no beco e caminha um pouco.

— Aqui está — diz ela. O restaurante fica **dentro** do beco, escondido bem **no** final.

— Graças a Deus — diz Charles. — Já estamos atrasados! — Eles entram no restaurante.

— Vocês tem uma reserva? — pergunta o garçom.

— Sim — diz Charles. — Estamos um pouco atrasados. Charles.

— Sigam-me — diz o garçom. Eles seguem o garçom. Eles andam **entre** as mesas com toalhas brancas. Eles são os primeiros clientes. O restaurante está vazio.

— É lindo — diz Dana. Eles se sentam à mesa. Há flores frescas **sobre** ela. A mesa fica **ao lado** da lareira. Um lustre dourado está pendurado no teto.

— O que vocês gostariam? — pergunta o garçom.

— O frango com cogumelos e o macarrão com foie gras e alcachofra — diz Charles.

— Eu recomendo o macarrão **antes** do frango — diz o garçom.

— Ok — diz Charles.

— O frango é servido **com** uma salada — diz o garçom.

— Perfeito — diz Charles. — E por favor, traga uma champanhe. — Charles pisca para o garçom.

— Por que você piscou para ele? — pergunta Dana.

— Não foi por querer! — diz Charles.

Dana e Charles estão muito felizes. O restaurante é um dos melhores de Paris. Tem três estrelas Michelin. O garçom chega **por trás** de Charles com o macarrão. É muito saboroso. Tem trufas pretas por cima. Eles concordam que é o melhor macarrão que já comeram.

O garçom traz um carrinho até a mesa. Ele tem dois copos, uma garrafa de champanhe e uma caixa preta. O garçom abre e serve o vinho para Charles e Dana. Ele põe a caixa preta na mesa.

— O que é isso? — pergunta Dana.

— Dana, quer se casar comigo? — pergunta Charles. Ele ergue a tampa da caixa preta. **Sob** ela está um enorme anel de diamante. Ele o coloca no dedo de Dana.

— Sim! — Dana exclama.

Paris é mesmo a cidade do amor.

RESUMO

Charles e Dana estão apaixonados. Eles fazem uma viagem a Paris para o dia dos namorados. Eles se perdem à procura de seu hotel. Eles não entendem o metrô. Nem Charles nem Dana falam francês. Charles reserva um almoço especial no dia dos namorados. Dana não consegue resistir às lojas de Paris. Eles têm dificuldade em encontrar o restaurante. Dana encontra o restaurante em um beco. No almoço, Charles tem uma surpresa secreta para Dana. O que é? Um símbolo de amor verdadeiro. Um garçom do restaurante traz um anel com o champanhe. Charles pede a Dana para se casar com ele.

*www.LearnLikeNatives.com*

# LISTA DE VOCABULÁRIO

| In front of | Em frente ao |
| --- | --- |
| Beneath | Por baixo |
| Across | Pela |
| In | No |
| Above | Acima |
| Into | No |
| Off | Do |
| Above | Acima |
| To | Para |
| Around | Ao redor |
| Behind | Atrás |

| | |
|---|---|
| Out of | Fora do |
| Past | Depois |
| Down | Abaixo |
| Toward | Em direção ao |
| Along | Ao longo |
| Near | Perto |
| Next to | Ao lado de |
| Through | Pela |
| From | De |
| Amongst | Em meio a |
| Within | Dentro |
| At | No |
| Between | Entre |

*www.LearnLikeNatives.com*

| | |
|---|---|
| On | Sobre |
| Beside | Ao lado |
| Before | Antes |
| With | Com |
| Behind | Por trás |
| Below | Sob |

## PERGUNTAS

1) Quem teve a ideia de ir de férias para Paris?

    a) Charles

    b) o pai do Charles

    c) o agente de viagens

    d) Dana

2) Qual é a primeira coisa que Charles e Dana veem em Paris?

    a) o Louvre

    b) os Champs-Élysées

    c) o hotel

    d) a Torre Eiffel

3) Que outra cidade do mundo tem uma Torre Eiffel em tamanho real?

a) Nova York

b) Tóquio

c) Dubai

d) Hong Kong

4) O que Dana convence Charles a fazer no dia dos namorados?

a) ir para casa

b) ir ao museu

c) comprar algo para ela na Hermès

d) parar de beber

5) Como Charles dá a Dana o anel de noivado?

a) um garçom o traz com o champanhe

b) ele o coloca no sorvete dela

c) ele o tira do bolso

d) ele fica de joelhos

## RESPOSTAS

1) Quem teve a ideia de ir de férias para Paris?

    a) Charles

2) Qual é a primeira coisa que Charles e Dana veem em Paris?

    d) a Torre Eiffel

3) Que outra cidade do mundo tem uma Torre Eiffel em tamanho real?

    b) Tóquio

4) O que Dana convence Charles a fazer no dia dos namorados?

    c) compra algo para ela na Hermès

5) Como Charles dá a Dana o anel de noivado?

a) um garçom o traz com o champanhe

# *Translation of the Story*

## Valentine's Day in Paris

STORY

Charles and Dana are boyfriend and girlfriend. They are in love. Charles wants to do something special for Valentine's Day. He invites Dana to Paris. Paris is called the city of love. Many people travel to Paris to spend romantic time with their partner. Maybe it is the movies, the food, the beautiful buildings? Paris always feels romantic.

The couple arrives to Paris on February 13. The plane lands. They are thrilled. Charles and Dana collect their baggage.

"Let's go to the hotel," says Charles.

"How?" asks Dana.

"We can take the train to the city center," says Charles. **In front of** the couple is a sign for the airport train. They follow the arrows, walking **beneath** them. They walk **across** the sky bridge, until they come to the entrance to the train. They go up to the ticket machine.

"Which ticket do we buy?" asks Dana. They both stare at the machine.

"I don't know," says Charles. "The hotel is **in** the 7th arrondissement." Charles guesses which ticket to buy. He buys it and they go to the train platform. **Above** the tracks, there is a sign. It tells where each train is going. A train approaches. The sign says 'centre-ville'. They get **into** the train.

When the train reaches the destination, they get **off** the train. They go up the metro stairs. They step outside. The Eiffel Tower stands **above** them.

"It's beautiful," says Dana.

"Yes, it's amazing," says Charles.

"I want to go **to** the top," says Dana.

"Did you know they paint the tower every seven years?" asks Charles. "With 50 tons of paint!"

"I didn't know that," says Dana. Charles tells her more about the Eiffel Tower. It was built in 1889. It is named after Gustave Eiffel, the architect in charge of the project. For 41 years, it was the tallest structure in the world. There are many replicas of the tower **around** the world. There is even a full-size replica in Tokyo.

"I love Paris," says Dana.

"Let's go to the hotel," says Charles. They walk to the nearby hotel. It is just **behind** the Eiffel Tower.

The next day is Valentine's Day. The couple has a special lunch planned. They go to the restaurant Epicure. It is one of the city's most romantic restaurants.

"Are you ready?" asks Charles.

"Yes," says Dana. "How do we get there?" They walk **out of** the hotel.

"It is just **past** the Champs-Élysées," says Charles. They walk **down** the street. They walk **toward** the river. It is a beautiful day. The sun is shining. Dana notices how beautiful the buildings are. They are all very old.

"We should have buildings like this in America," says Dana.

"They are older than America," says Charles. Charles and Dana walk **along** the river. They hold hands. Paris is a city for lovers.

Epicure is **near** the central shopping district. They pass shops like Louis Vuitton and Pierre Hermé. Dana stops to look in the windows. The restaurant is **next to** one of her favorite shops.

"Please can we go in," she says. When they go **through** the door of Hermes, Charles knows he is in trouble. Purses and scarves are everywhere. Dana goes crazy. She takes two scarves **from** a display. She grabs a bag from **amongst** a pile of purses.

"Please, Charles?" she asks him. "A little Paris souvenir?" Charles thinks. The three items cost the same as the airplane ticket to Paris. It is Valentine's Day, though. He says yes. Dana takes the scarves and the purse to the cash register. Charles pays with his credit card. They leave the shop. Dana is very content.

Charles and Dana continue down the street. They don't see Epicure.

"It is right here," says Charles.

"Right where?" asks Dana.

"Here," says Charles. "That is what Google maps says."

"I don't see it," says Dana.

Charles calls the restaurant on his cell phone. "Hello, we cannot find the restaurant," he says. He listens. The person speaks French. "Do you speak English? No?" The person hangs up.

"They don't speak English," says Charles.

"It has to be here," says Dana. She spots a small alley. She enters the alleyway and walks a bit.

"Here it is," she says. The restaurant is **within** the alleyway, hidden **at** the very end.

"Thank goodness," says Charles. "We are already late!" They enter the restaurant.

"Do you have a reservation?" asks the waiter.

"Yes," says Charles. "We are a bit late. Charles."

"Follow me," says the waiter. They follow the waiter. They walk between tables with white tablecloths. They are the first diners. The restaurant is empty.

"It's beautiful," says Dana. They sit at their table. It has fresh flowers **on** it. Their table is **beside** the fire. A golden chandelier hangs from the ceiling.

"What would you like?" asks the waiter.

"The chicken with mushrooms, and the macaroni with foie gras and artichoke," says Charles.

"I recommend the macaroni **before** the chicken," says the waiter.

"Ok," says Charles.

"The chicken is served with a side salad," says the waiter.

"Perfect," says Charles. "And please bring us some champagne." Charles winks at the waiter.

"Why did you wink at him?" asks Dana.

"I didn't mean to!" says Charles.

Dana and Charles are very happy. The restaurant is one of the best in Paris. It has three Michelin stars. The waiter comes up **behind** Charles with the macaroni. It is very rich. It has black truffle on top. They agree, it is the best macaroni they have ever had.

The waiter rolls a cart to the table. It has two glasses, a bottle of champagne, and a black box. The waiter opens the wine and pours it for Charles and Dana. He leaves the black box on the table.

"What's that?" asks Dana.

"Dana, will you marry me?" asks Charles. He lifts the top of the black box. **Below** is a huge diamond ring. He puts it on Dana's finger.

"Yes!" shouts Dana.

Paris really is the city of love.

# CONCLUSION

You did it!

You finished a whole book in a brand new language. That in and of itself is quite the accomplishment, isn't it?

Congratulate yourself on time well spent and a job well done. Now that you've finished the book, you have familiarized yourself with over 500 new vocabulary words, comprehended the heart of 3 short stories, and listened to loads of dialogue unfold, all without going anywhere!

Charlemagne said "To have another language is to possess a second soul." After immersing yourself in this book, you are broadening your horizons and opening a whole new path for yourself.

Have you thought about how much you know now that you did not know before? You've learned everything from how to greet and how to express your emotions to basics like colors and place words. You can tell time and ask question. All without opening a schoolbook. Instead, you've cruised through fun, interesting stories and possibly listened to them as well.

Perhaps before you weren't able to distinguish meaning when you listened to Brazilian Portuguese. If you used the audiobook, we bet you can now pick out meanings and words when you hear someone speaking. Regardless, we are sure you have taken an important step to being more fluent. You are well on your way!

Best of all, you have made the essential step of distinguishing in your mind the idea that most often hinders people studying a new language. By approaching Brazilian Portuguese through our short stories and dialogs, instead of formal lessons with just grammar and vocabulary, you are no longer in the 'learning' mindset. Your approach is much more similar to an osmosis, focused on speaking and using the language, which is the end goal, after all!

So, what's next?

This is just the first of five books, all packed full of short stories and dialogs, covering essential, everyday Brazilian Portuguese that will ensure you master the basics. You can find the rest of the books in the series, as well as a whole host of other resources, at [LearnLikeNatives.com](LearnLikeNatives.com). Simply add the book to your library to take the next step in your language learning journey. If you are ever in need of new ideas or direction, refer to our 'Speak Like a Native' eBook, available to you for free at [LearnLikeNatives.com](LearnLikeNatives.com), which clearly outlines practical steps you can take to continue learning any language you choose.

We also encourage you to get out into the real world and practice your Brazilian Portuguese. You have a leg up on most beginners, after all—instead of pure textbook learning, you have been absorbing the sound and soul of the language. Do not underestimate the foundation you have built reviewing the chapters of this book. Remember, no one feels 100% confident when they speak with a native speaker in another language.

One of the coolest things about being human is connecting with others. Communicating with someone in their own language is a wonderful gift. Knowing the language turns you into a local and opens up your world. You will see the reward of learning languages for many years to come, so keep that practice up!. Don't let your fears stop you from taking the chance to use your Brazilian Portuguese. Just give it a try, and remember that you will make mistakes. However, these mistakes will teach you so much, so view every single one as a small victory! Learning is growth.

Don't let the quest for learning end here! There is so much you can do to continue the learning process in an organic way, like you did with this book. Add another book from Learn Like a Native to your library. Listen to Brazilian Portuguese talk radio. Watch some of the great Brazilian Movies. Put on the latest CD from Tom Jobim. Take Samba lessons in Portuguese. Whatever you do, don't stop because every little step you take counts towards learning a new language, culture, and way of communicating.

*www.LearnLikeNatives.com*

*www.LearnLikeNatives.com*

www.LearnLikeNatives.com

Learn Like a Native is a revolutionary **language education brand** that is taking the linguistic world by storm. Forget boring grammar books that never get you anywhere, Learn Like a Native teaches you languages in a fast and fun way that actually works!

As an international, multichannel, language learning platform, we provide **books, audio guides and eBooks** so that you can acquire the knowledge you need, swiftly and easily.

Our **subject-based learning**, structured around real-world scenarios, builds your conversational muscle and ensures you learn the content most relevant to your requirements.
Discover our tools at ***LearnLikeNatives.com***.

When it comes to learning languages, we've got you covered!

www.ingramcontent.com/pod-product-compliance
Lightning Source LLC
Chambersburg PA
CBHW071742080526
44588CB00013B/2128